CATALOGUE

D'UNE COLLECTION

DE

TABLEAUX

ÉTUDES PEINTES ET AQUARELLES

D'APRÈS NATURE

Par MM. Claude THIÉNON et Louis THIÉNON

DONT LA VENTE AURA LIEU

HÔTEL DES VENTES MOBILIÈRES

RUE DES JEUNEURS, N. 42,

Salle n° 1,

LES LUNDI **14** ET MARDI **15** FÉVRIER **1853**

A MIDI,

Par le ministère de M° **RIDEL**, Commissaire-Priseur,
rue Saint-Honoré, 335,

Assisté de M. **SCHROTH**, Appréciateur, rue des Orties-Saint-
Honoré, 9,

Chez lesquels se distribue le présent Catalogue.

EXPOSITION PUBLIQUE

Le Dimanche 13 Février 1853, de midi à quatre heures.

PARIS

MAULDE & RENOU

IMPRIMEURS DE LA COMPAGNIE DES COMMISSAIRES-PRISEURS,
Rue de Rivoli prolongée.

1853

CONDITIONS DE LA VENTE.

Elle sera faite au comptant.

Les acquéreurs paieront cinq pour cent en sus des adjudications.

DÉSIGNATION

DES TABLEAUX

ÉTUDES PEINTES

ET

Aquarelles d'après nature.

———◦—⋄⋄—◦———

Tableaux peints par Claude Thiénon.

1 — Vue du château de Barrière, dans la Cité à
    Périgueux.
2 — Paysage composé.
3 — Souvenir du Vésuve à la Torre del Greco.
4 — Paysage composé.
5 — Souvenir des Pyrénées.
6 — Marine composée.

ÉTUDES PEINTES D'APRÈS NATURE
par Claude Thiénon.

7 — Vue des écuries de Mécène, prise du chemin
    des Cascatelles, à Tivoli.

8 — A la villa d'Est, à Tivoli.

9 — Vue du Temple de la Sibylle et de celui de Vesta, prise de la grotte de Neptune, à Tivoli.

10 — A la villa d'Est, à Tivoli.

11 — Vue prise de la loge du café des Peintres, à Tivoli.

12 — Vue de la chute du Tévérone et du pont de Tivoli.

13 — A la villa d'Est, à Tivoli.

14 — A la villa d'Est, à Tivoli.

15 — Vue des Monti-Cœli, prise de la terrasse de la villa d'Est, à Tivoli.

16 — Vue de la Madone di Ponti et de la chute du Tévérone, prise du temple de la Sibylle, à Tivoli.

17 — Vue prise à la Riccia.

18 — Vue du couvent des Capucins, à Albano.

Tableaux peints par Louis Thiénon.

19 — Vue du chœur de la cathédrale de Milan.

20 — Vue prise à Magadino, au bord du lac Majeur.

21 — Vue du pont Saint-Esprit, du palais des Papes et d'une partie de la ville d'Avignon, prise de l'île de la Barthelasse.

22 — Vue des ruines du château de Pétrarque et
de l'abord de la fontaine de Vaucluse.

23 — Vue de la montagne le Monk, faisant partie
de la Jungfrau, à la Wengern Alp (Oberland Bernois).

24 — Vue de la Jungfrau et de la chute de Stau-
bach, prise de la vallée de Lauterbrunnen
(Oberland Bernois).

25 — Vue de la fontaine des Quatre-Dauphins et de
l'église Saint-Jean, à Aix (Provence).

26 — Vue de l'église de Notre-Dame-des-Doms et
de la tour où a été enfermé Cola Rienzi, à
Avignon.

27 — Souvenir de l'île de la Barthelasse, en face
de Villeneuve-lez-Avignon.

28 — Vue du glacier supérieur et de la montagne
dite le Grand-Eiger, à Grindelwald (Oberland Bernois).

29 — Vue de la cathédrale de Louviers.

30 — Vue prise au bord du lac de Thun (Oberland
Bernois).

31 — Intérieur de forêt. Paysage composé.

32 — Souvenir du Mont-Palatin, à Rome.

33 — Vue de la grotte de Fingal, à l'île de Staffa,
une des Hébrides.

34 — Vue de l'intérieur de la grotte de Fingal.

35 — Vue de la cathédrale de Glascow, prise de la
Nécropole.

ÉTUDES PEINTES D'APRÈS NATURE

par Louis Thiénon.

102 — Carrière de meulière, à la Ferté-sous-Jouarre.

103 — Etudes d'arbres, à la Ferté-sous-Jouarre.

AQUARELLES ET DESSINS
par Claude Thiénon.

104 — Vue du château de la Brède où est né Montesquieu, à trois lieues de Bordeaux.

105 — Paysage composé.

106 — Couvent italien.

107 — Paysage composé.

108 — Paysage composé.

109 — Vue d'un tombeau antique sur la Via Appia.

110 — Vue de la maison du Poussin, à la Trinité-des-Monts, à Rome.

111 — Médaillon. Paysage composé.

112 — Médaillon. Paysage composé.

113 — Paysage composé.

114 — Paysage composé.

115 — Paysage composé.

116 — Chevalier. Effet de lune.

117 — Châtelaine.

118 — Paysage composé.

119 — Paysage composé.

120 — Un lot: 6 aquarelles. Paysages composés.

121 — Un lot : 2 aquarelles. Maison du Claude Lorrain, à Rome.

121 bis. — Vue prise à Bagnères.

122 — Un lot : 4 lavis. Paysages composés.

123 — Un lot : 6 lavis. Acqueducs de Saintes, — près Bordeaux. — A Aigues-Morte. — Fabrique aux Thermes de Dioclétien, à Rome. — Les murs de la villa Médicis, à Rome. — Aux capucins d'Albano.

124 — Un album, 37 dessins au lavis. Vues de France.

125 — Vue prise dans le jardin de Monte Cavallo, à Rome.

126 — Vue prise dans la villa Borghèse, à Rome.

127 — Vue d'une fontaine dans la villa d'Est, à Tivoli.

128 — Vue de la maison de Raphaël, prise de la villa Médicis, à Rome.

129 — Vue des ruines des trophées de Marius.

130 — Vue prise sur le chemin de Saint-Paul, hors des murs, près Rome.

131 — Vue prise sur le Mont Palatin, à Rome.

132 — Vue des bords du Tibre, prise du port de Ripette, à Rome.

133 — Vue de l'église de Saint-Étienne-le-Rond, à Rome.

134 — Vue de l'église de Sainte-Agnès et de l'Hippodrome, sur la route de Ponte Numentane, à un mille de Rome.

135 — Vue du Vésuve et du palais de la reine Jeanne,
à Naples.

136 — Vue de la prison de Rapallo, sur la côte de
Gênes.

137 — Vue du port de Ripa-Grande et du mont
Aventin, à Rome.

138 — Vue prise dans le jardin de Boboli, à Florence.

139 — Vue prise dans le jardin de Boboli, à Florence.

140 — Vue prise à Sestri, sur la côte de Gênes.

141 — Vue prise dans la villa Borghèse, à Rome.

142 — Vue de la montée de la Riccia.

143 — Vue prise dans la villa d'Est, à Tivoli.

144 — Vue prise au Campo Vaccino, près de l'Arc
de Tite.

145 — Vue de Monte Mario, prise de la porte Angé-
lica, à Rome.

146 — Vue du palais des Césars, à Rome.

147 — Vue du temple de Vesta et de la place Monta-
nara, à Rome.

148 — Vue de l'église de Sainte-Sabine, sur le mont
Aventin, à Rome.

149 — Vue de l'église de Sainte-Marie-du-Rosaire,
sur Monte Mario.

150 — Vue des murs de Rome, près la porte Salara.

151 — Vue des bords du Tibre, près la fontaine
d'Aqua Acetosa.

152 — Vue prise près Saint-Etienne-le-Rond, à
Rome.

153 — Vue prise derrière les murs de Saint-Pierre,
à Rome.

154 — Vue prise dans le quartier de Transtévère, à
Rome.

155 — Vue prise le long des murs de la villa Borghèse, à Rome.

156 — Vue de la maison de l'affranchi de Néron,
prise du mont Sacré.

157 — Vue prise sur la place Saint-Pierre in Vincoli,
à Rome.

158 — Vue de la Roche Tarpéïenne.

159 — Vue de la chaussée de César devant Taille-
bourg, où saint Louis défit Hugues, comte
de la Marche, en 1242.

160 — Vue du pont romain à Saintes.

161 — Vue du château Gaillard, aux Andelys.

162 — Vue des restes du château des quatre fils
Aymon, près la route de Cubzac.

163 — Vue prise de la Vienne, à Limoges.

164 — Vue prise du champ de bataille de Castillon,
où périrent Talbot et son fils, en 1452.

165 — Vue du château de Loches et de la tour
d'Agnès Sorel.

AQUARELLES ET DESSINS D'APRÈS NATURE

par Louis Thiénon.

166 — Vue des dômes de Saint-Marc et de l'escalier
des Géants, prise de l'intérieur de la cour
du palais ducal, à Venise.

167 — Cascade du Furon, près Sassenage ; on voit
dans le fond les Alpes et la ville de Gre-
noble.

168 — Vue de la porte principale et de l'interieur de
la chapelle de Holy-Rood, à Edimbourg.

169 — Vue de l'intérieur de l'abbaye de Tintern,
fondée en 1131 (Monmouthshire).

170 — Vue de la cour de Bodleian Library, à Ox-
ford ; le grand détail du milieu bâti par
Inigo Jones, du temps de Jacques Ier.

171 — Vue de l'intérieur de Saint-Cuthbert, église
cathédrale de Durham, de construction
normande.

172 — Vue du donjon et d'une partie du château de
Ragland, dans le Monmouthshire. (Assiégé
par Fairfax du temps de Cromwell.)

173 — Vue du lac Achray et de la montagne Ben-
venue, aux Trosachs (Ecosse).

174 — Caverne de Rob-Roy, au bord du lac Lomond,
près Inversnaid (Ecosse).

175 — Vue du défilé de Glencoe et de la montagne
       où est la caverne d'Ossian, dans le Morven
       (Ecosse).

176 — Vue prise au bord du lac de Fyne, en face
       Inverary (Ecosse).

177 — Château de Dunolly, sur le promontoire
       d'Oban (côte occidentale d'Ecosse).

178 — Vue d'une partie de la vieille ville, de la
       montagne d'Arthur's Seat et de l'embar-
       cadère des chemins de fer, prise de Princes
       street, à Edimbourg.

179 — Vue des églises Saint-Jacques, Saint-Paul,
       Saint-Martin et d'une partie de la ville de
       Liége, prise du coteau d'Hovémont.

180 — Vue prise de l'hôtel Ardchednochrochan, aux
       Trosachs. (Ecosse).

181 — Vue du monument élevé à Walter Scott dans
       Princes street, de Royal Institution et du
       Château, à Edimbourg.

182 — Vue du château de Chepstow, au bord de la
       Wye, dans le Monmouthshire, célèbre par
       les siéges qu'il soutint du temps de
       Cromwell.

183 — Vue du château de Ragland, dans le Mon-
       mouthshire, assiégé par Fairfax du temps
       de Cromwell.

184 — Vue de la librairie de Charles II et de l'église
       du Christ, prise de Peck Water Court, à
       Oxford.

185 — Vue du cours de l'Avon, à Clifton, près Bristol.

186 — Cascade près Inverary (Ecosse).

187 — Vue de l'intérieur de l'abbaye de Melrose, en Ecosse; au fond était déposé le cœur de Robert Bruce.

188 — Vue des ruines de l'église de Sainte-Marie dans l'île d'Iona ou Icolmkill, bâtie par Haco, roi de Norwége, qui introduisit le premier le Christianisme en Ecosse (îles Hébrides).

189 — Vue de la grotte de Fingal à l'île de Staffa, une des Hébrides. Le nom de cet antre volcanique est An-ua-Wine, en langue celtique, c'est-à-dire la Grotte Harmonieuse.

190 — Vue du château et d'une partie de la ville d'Edinbourg, prise de Calton-Hill.

191 — Vue du château de Stirling, où sont nés Jacques II et Jacques V; au fond les montagnes des Trosachs (Ecosse).

192 — La Butte des Capucins et le pont sur le Pô, à Turin.

193 — Vue du vieux pont sur la Moselle, à Coblentz, au soleil couchant.

194 — Etude de fragments égyptiens, au Musée Britannique, à Londres.

195 — Etude de fragments d'Athènes, au Musée Britannique, à Londres.

232 — A Sannois.

233 — A Sannois.

234 — A St-Denis.

235 — 1 Lot : Dessins par Thiénon, Leprince, Boucher, Mallet, Bourgeois, etc.

GRAVURES ET LITHOGRAPHIES.

236 — 1 Lot : 10 planches gravées par Louis Thiénon (qui n'ont pas encore été tirées), d'après Claude Thiénon :

Vue de la maison du Poussin à la Trinité-du-Mont, à Rome.

Rue de Rome.

Vue du couvent de Saint-Onuphre, où est mort Le Tasse, à Rome.

Vue de la maison du Claude le Lorrain, à la Trinité-des-Monts, à Rome.

Vue prise dans Boboli, à Florence.

Vue d'un hippodrome et de l'église de Sainte-Agnès, sur la route du Ponte-Nomentane, à un mille de Rome.

Vue des restes de la maison de l'affranchi de Néron, prise du mont Sacré.

Vue prise sur le chemin des Cascatelles, à Tivoli.

Vue des bords du Tibre, près la porte du Peuple.

Vue de la maison de Bernardin de St-Pierre, à Essonne.

237 — 1 Lot : 4 pièces, Ceyx et Alcyone, Céladon et Amélie, Niobé, et l'eau-forte, par Woollett.

238 — 1 Lot : 5 pièces, Boissieu, etc., Bervic, etc.

239 — 1 Lot : 24 gravures anglaises modernes.

240 — 1 Lot : 18 lithographiés par Horace Vernet.

241 — 1 Lot : 8 lithographies par Hersent : Contes de Lafontaine.

242 — 1 Lot : 32 lithographies par Hersent, Bourgeois, Villeneuve, Grenier, etc.

243 — Sous ce numéro seront vendus tous les articles qui auraient été omis au présent Catalogue.

Maulde et Renou, Imprimeurs de la Compagnie des Commissaires-Priseurs, rue de Rivoli prolongée au coin de celle de l'Arbre-Sec.   7160